어떤 산은 꼭대기에 뾰족뾰족 돌이 많고,
또 어떤 산은 흙과 나무가 많아 울창한 숲을 이루지.
서로 다른 산의 모습에는 무슨 비밀이 숨어 있을까?

나의 첫 지리책 6

돌산일까?
흙산일까?

아름다운 우리나라 산

최재희 글 | 이장미 그림

하하! 오늘만 손꼽아 기다리더니
새벽에 벌떡 일어나고도 쌩쌩하구나.
아빠도 지유와 함께하는 패러글라이딩을
무척 기대해 왔단다.
아빠가 패러글라이딩 자격증을 딴 것도
가족과 함께 비행하고 싶어서였거든.
이제 어엿한 패러글라이딩 조종사니,
아빠만 믿으렴!

기다리고 기다리던
오늘은 아빠와
하늘을 나는 날,
야호!

아빠! 풍경이 정말 아름다워요.
시원한 하늘이 가득 보이니 기분이 날아갈 것 같아요!
아, 이제 곧 진짜 하늘을 날 거지만요. 헤헤.

그래, 햇빛도 좋고 바람도 잘 부니
정말 즐거운 비행이 되겠구나.

지유야, 하늘을 날기 전에
이곳 주변 풍경이 어떤지 이야기해 볼래?

우선 넓은 들판이 펼쳐져 있어서 무척 예뻐요.
들판 주변으로는 커다란 산이 많네요.
넓은 들판 사이로 강과 도로, 기찻길도 보이고요!

와! 지금부터 아빠가 하려는 이야기가
네 말 속에 담겨 있는걸?
우리 둘이 텔레파시가 통했구나.
하늘을 나는 동안 아름다운 풍경 속에 숨은
재미있는 사실을 알려 줄게.

참, 아빠! 아까 차에서 내리자마자
오늘 패러글라이딩을 하기 좋은 날이라고 하셨잖아요.
그걸 어떻게 빨리 알아내셨어요?

아! 그건 하늘을 나는 데
필요한 조건을 잘 갖추었다는 뜻이야.
아빠는 여러 번 패러글라이딩을 해 봐서
어떤 날이 비행하기 좋은지 잘 알거든.
네가 궁금해하니 말해 줄게.

햇빛이 강한 날은
하늘을 향해 솟아오르는 바람이 잘 만들어진단다.
낙하산을 하늘 높이 올릴 수 있는 이 바람을
어려운 말로 상승 기류라고 해.
상승 기류는 마치 용이 하늘로 올라가는 것처럼
산의 옆구리를 타고 바닥에서 하늘로 분단다.

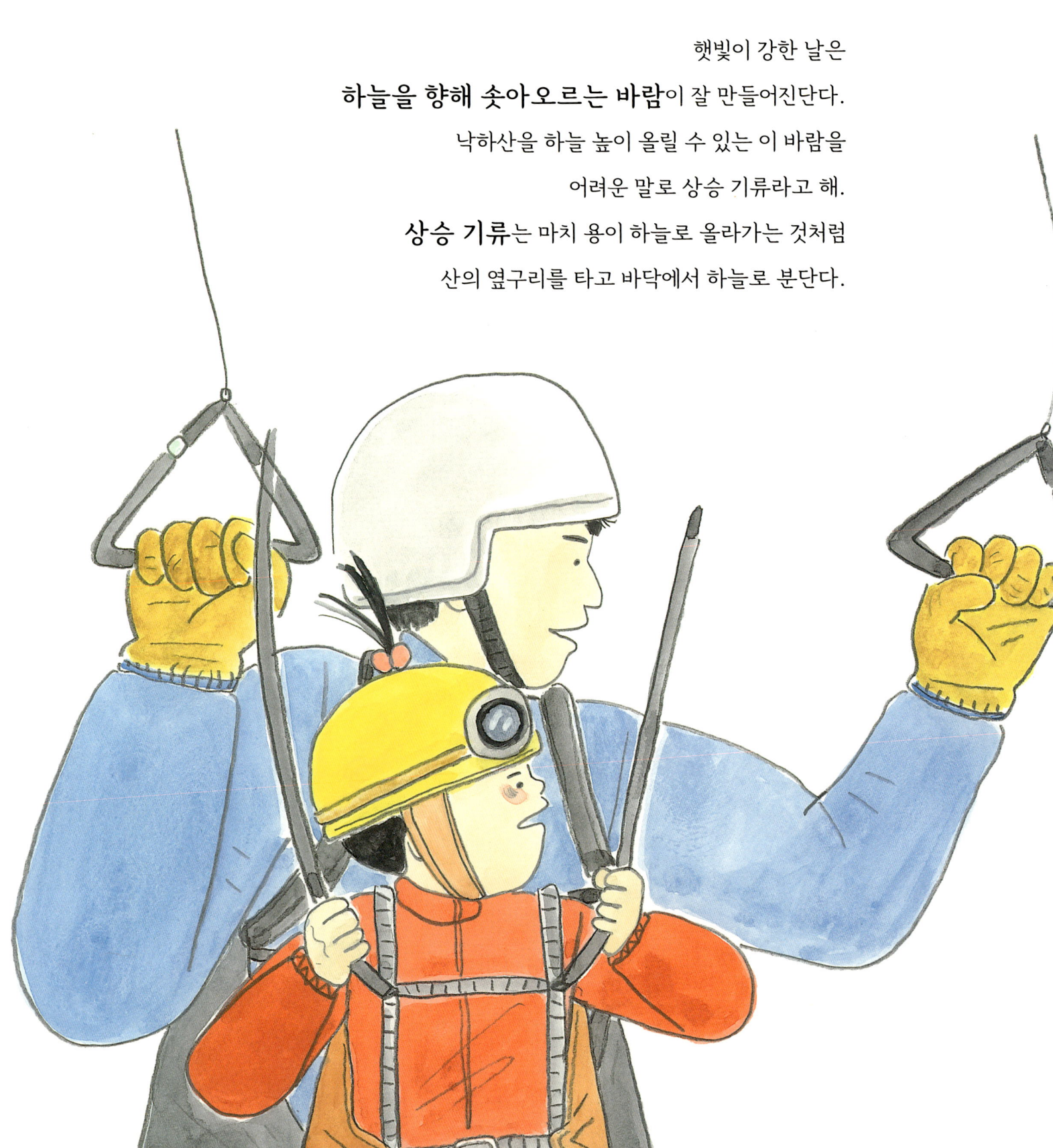

상승 기류는 눈에 보이지 않지만,
패러글라이딩을 하면
온몸으로 그 바람을 느낄 수 있지.
상승 기류를 타는 느낌이 정말 근사하니,
기대해도 좋단다!

아빠! 막상 이곳에 서니
낭떠러지로 뛰어내리는 느낌이 들어요.
하늘을 날 건데, 벌써 겁내면 안 되겠죠?

아빠가 안전하게 비행할 테니, 너무 걱정하지 않기!
두려워하지 말고 "하나, 둘, 셋!" 하면
두 발로 힘껏 달려 나가는 거야, 알겠지?

지금이야!
하나, 둘, 셋!
점프!

야호! 드디어 하늘을 난다!
아빠, 하늘을 나는 기분을
어떻게 설명해야 할지 모르겠어요!
하늘에서 보는 세상이 정말 아름답고요.
너무 행복해서 가슴이 터질 것 같아요.

마음껏 소리 질러도 좋단다. 야호!
네가 말한 그 기분, 아빠도 충분히 알거든.
하늘에서 땅을 내려다보면
지금껏 경험해 보지 못한 새로운 느낌이 들 거야.
우리가 살아가는 공간이 저렇게 작은지 미처 몰랐지?

하늘에 떠 있는 것도 점점 익숙해지네요. 헤헤.
쿵쿵대던 심장이 괜찮아지니 주변 풍경이 눈에 들어와요.
두리번거리다 보니 궁금한 점도 생겼어요.
우리가 나는 곳의 아래는 평평한 바닥인데,
우리와 눈높이가 비슷한 주변은 온통 산이네요!

지유가 정확히 관찰했단다.
이러한 풍경이 어떻게 만들어졌는지 알아보면
더 알찬 비행이 될 거야.

우리가 비행하며 내려다보는 곡성은
푸른 들판과 푸른 강, 사람들이 사는 마을이
병풍처럼 둘러싼 웅장한 산과 한데 어우러져 있지.

주변이 산으로 둘러싸인 이런 공간을 **분지**라고 부른단다.
'분지'라는 이름 뜻을 풀면 **그릇처럼 생긴 땅**이라는 의미야.
이렇게 독특한 생김새가 만들어진 까닭은
산과 들판을 이루는 암석의 성질이 달라서야.
말이 조금 어렵지?

상승 기류를 타자!

아빠, 더 높이 올라오니
분지의 모양이 정말 그릇처럼 보여요!
정말 신기해요!

아빠, 분지가 타르트처럼 보여요.

지유가 좋아하는 에그타르트를 생각해 볼까?
밀가루로 단단하게 반죽한 겉면은 빙 둘러싼 산지,
달걀, 설탕, 바닐라 등으로 버무려진 부드러운 크림은
평평한 바닥으로 생각해 보는 거야.

지유는 항상 에그타르트의
부드러운 부분을 먼저 먹는 걸 좋아하지?
땅을 이루는 암석도 단단한 부분보다
부드럽고 약한 부분이 더 빠르게 닳아 없어진단다.
우리나라 곳곳에는 이런 그릇 모양의 땅이 많아.

아빠 말씀대로 산이 정말 멋져요!
커다란 바위들이 다양한 모양을 만들고 있네요.
앗! 산꼭대기 바위에서 사람들이 우리에게 손을 흔들어요.
아저씨, 아주머니, 안녕하세요!

오, 정말 그렇구나!
목소리가 들리진 않겠지만
우리도 손을 흔들어 보자.
안녕하세요, 등산 잘하세요!

방금 우리에게 손을 흔든 사람들이 있던

산의 모양을 잘 기억하렴.

이렇게 돌이 많은 산을 **돌산**이라 부른단다.

돌산은 풍경이 아름다워서

옛날부터 사람들에게 많은 사랑을 받아 왔어.

우리 가족이 함께 여행했던

속초 설악산의 울산바위도 그래.

산꼭대기에 마치 돌을 심은 것처럼 **울퉁불퉁**했지?

지금까지 멋진 돌산을 감상했으니,
패러글라이더의 방향을 바꿔 볼까?
꽉 잡으렴!

자, 눈앞에 광활하게 펼쳐진 산이 보이지?
아까보다 훨씬 넓고 커다란 산 말이야.
바로 **지리산**이란다!

우아, 아까 봤던 산과 느낌이 전혀 달라요!
울퉁불퉁 멋진 돌이 보이지 않고,
무엇보다 산이 정말 크고 높아 보여요.

그래, 네 말대로야.
지리산은 남한에서는 제주 한라산 다음으로 높고,
우리나라에서 가장 품이 넓은 산이기도 하단다.
너를 안아 주는 엄마 아빠의 품처럼 말이야.

조금 전에 봤던 산과
사뭇 다른 풍경이 나타나는 까닭은 뭘까?
네 말대로 거대한 바위가 거의 보이지 않아서야.
실은 바위가 있기는 하지만,
울창한 나무가 숨겨 주고 있단다.
바람을 타고 조금 더 가까이 가 볼까?

아빠! 조금 더 가까이 와 보니
정말 숲에 나무가 빼곡하네요.
숲속은 어떤 모습일지 궁금해요.

그래, 지금이 여름이라 나무가 더욱 울창하구나.
지리산이 이렇게 풍성한 나무를 키울 수 있는 까닭은
나무가 잘 자랄 수 있는 **흙**이 풍부해서란다.

집에서 키우는 화분을 생각해 보렴.
크건 작건 흙이 없는 화분은 본 적이 없지?
나무는 뿌리를 통해 흙 속의 물과 영양분을 얻어
커다란 그늘을 만들 정도로
자랄 수 있는 거란다.

지리산처럼 흙이 풍부한 산을 **흙산**이라 부른단다.

이름이 참 쉽지? 흙이 많으면 흙산, 돌이 많으면 돌산!

예전에 스키를 타러 전라북도 무주에 갔던 걸 기억하니?

무주에 있는 덕유산도 우리나라를 대표하는 흙산이란다.

아빠! 이제 그릇 모양의 분지와
주변 산들이 눈에 똑똑히 들어와요!
돌산과 흙산으로 둘러싸인 곡성 마을이
장난감 마을처럼 조그맣게 보이는 게 귀여워요.
참, 활공장 가까이에는 호수가 있네요.

흙이 많으면

흙산.

오호, 바로 알아챘구나!
사실 아까 둘러본 돌산 근처에도 호수가 있단다.
하지만 크기가 훨씬 작아 눈에 띄지 않았지.
이는 흙산과 돌산의 차이점이기도 하단다.
물을 잘 모으고 나무가 많은 흙산은
돌산보다 더 큰 호수를 만들 수 있지.
정말 눈에 보이는 풍경마다
흥미로운 이야기가 담겨 있지?

돌이 많으면

돌산.

자, 이제 슬슬
착륙할 때가 되었네.
사람과 건물이 없는
넓은 공터가 필요한데,
마침 비어 있는 논이
보이는구나.

오늘의 첫 비행을
잊지 못할 것 같아요.
우리나라의 멋진 산도
실컷 봤고요!
그런데 아빠,
하늘에 있다가 내려가려니
기분이 참 이상해요!

하하! 아빠도 처음 하늘을 날았을 때 그랬단다.
아마 완전히 새로운 눈으로 세상을 봤기 때문이 아닐까?
우리가 땅에서는 아름답고 높다란 산을
한눈에 내려다볼 수 없으니까 말이야.
자, 이제 착륙이야!
"하나, 둘, 셋!" 하면 발을 힘차게 구르렴.

네! 이번에는 날아오를 때처럼 겁먹지 않을래요.
이젠 저도 어엿한 파일럿이니까요!

아름다운 우리 산 여행

인왕산

우리나라의 산은 크게 돌산과 흙산으로 구분할 수 있습니다.
돌산은 높은 산봉우리에 거대한 바위가 드러난 것,
흙산은 산봉우리에 거대한 바위가 없는 것으로 구분할 수 있지요.
조선 시대의 화가인 정선은 인왕산을 보고 그림을 그렸어요.
그 그림이 바로 국보 제216호인 인왕제색도입니다.
그림만 봐도 인왕산이 돌산이라는 걸 바로 알아볼 수 있지요.
거대한 바위들이 웅장하게 모습을 드러내고 있으니까요.

국립중앙박물관에 전시된 인왕제색도

인왕산 봉우리 풍경

지리산 노고단

노고단에서 내려다보는 지리산 풍경

부모님과 지리산의 봉우리인 노고단에 가 보세요.
노고단에 서면 끝없이 펼쳐진 산줄기를 볼 수 있어요.
노고단의 산줄기는 부드럽고 편안하고 아름답습니다.
커다란 바위를 찾기 힘들 정도로 숲이 우거져 있지요.
지리산은 우리나라에서 가장 넓고 큰 흙산이랍니다.

드론 탐방

지유와 아빠처럼 큰 산을 하늘에서 내려다보고 싶다고
패러글라이딩을 하러 가는 건 쉽지 않지요.
그렇다면 산을 드론으로 촬영한 영상으로
간접적인 체험을 해 보는 건 어떨까요?
산의 웅장한 능선을 넘나드는 드론 영상을 보면
마치 내가 직접 산 위를 비행하고 있는 듯한 느낌이 들지요.
직접 등산하는 것과는 또 다른 체험이 될 거예요.

* QR코드를 찍어 보세요.

인왕산   지리산

지리산에 사는 반달가슴곰

가슴에 흰 털로 된 초승달 무늬가 있는 반달가슴곰은 한동안 우리나라에서 멸종된 것으로 알려졌습니다. 그러나 2002년, 반달가슴곰은 우연히 지리산에서 발견되었습니다. 그때부터 다시 반달가슴곰을 살리자는 움직임이 생겼고, 많은 사람들이 노력한 덕분에 이제는 지리산에 80여 마리의 반달가슴곰이 살고 있습니다. 반달가슴곰은 어째서 지리산에서 발견되었을까요?

가슴에 초승달 무늬가 있는 반달가슴곰

그건 지리산이 숲이 우거지고 물과 먹을거리가 풍성한 흙산이기 때문입니다.
흙산은 돌산에 비해 생태계가 훨씬 풍성합니다.
지리산 국립 공원은 우리나라 22개 국립 공원 중 가장 다양한 생물이
살고 있습니다. 다양한 식물과 동물이 어울려 살아가는 지리산은
그야말로 한국 생물 다양성의 보물과도 같은 곳이지요.
반면에 우리나라의 국립 공원 중에서 생물 다양성이 가장 낮은 곳은
바로 북한산 국립 공원입니다.
북한산 국립 공원의 생물 다양성이 낮은 것은 서울과 같은 대도시와
가깝기 때문이겠지만, 돌산이라는 특징도 큰 영향을 끼쳤지요.

지리산에 사는 멸종 위기 동물인 담비

글 최재희

서울 휘문고등학교 지리 교사입니다. 좋은 글을 쓰는 데 관심이 많습니다. 지은 책으로 《스포츠로 만나는 지리》, 《복잡한 세계를 읽는 지리 사고력 수업》, 《바다거북은 어디로 가야 할까?》, 《이야기 한국지리》, 《이야기 세계지리》, 《스타벅스 지리 여행》 등이 있습니다.

그림 이장미

여름을 좋아하고, 새벽 노을을 가장 먼저 보고 싶어 일찍 잠듭니다. 쓰고 그린 책으로 《달에 간 나팔꽃》, 《흔한 날》, 《순간 울컥》이 있고, 그린 책으로는 《어서 와, 여기는 꾸룩새 연구소야》, 《살아갑니다》, 《빛나는 외출》, 《세 발 고라니 푸푸》 등이 있습니다.

나의 첫 지리책 6 — 돌산일까? 흙산일까?

1판 1쇄 발행일 2025년 4월 14일

글 최재희 | **그림** 이장미 | **발행인** 김학원 | **편집** 이주은 | **디자인** 기하늘
저자·독자 서비스 humanist@humanistbooks.com | **용지** 화인페이퍼 | **인쇄** 삼조인쇄 | **제본** 다인바인텍
발행처 휴먼어린이 | **출판등록** 제313-2006-000161호(2006년 7월 31일) | **주소** (03991) 서울시 마포구 동교로23길 76(연남동)
전화 02-335-4422 | **팩스** 02-334-3427 | **홈페이지** www.humanistbooks.com
사진 출처 인왕제색도 ⓒ 국립중앙박물관 / 공공누리 제1유형
담비 ⓒ 코리아넷 / Flickr / CC BY-SA 2.0

글 ⓒ 최재희, 2025 그림 ⓒ 이장미, 2025
ISBN 978-89-6591-601-7 74980
ISBN 978-89-6591-592-8 74980(세트)

- 이 책은 저작권법에 따라 보호받는 저작물이므로 무단 전재와 무단 복제를 금합니다.
- 이 책의 전부 또는 일부를 이용하려면 반드시 저작권자와 휴먼어린이 출판사의 동의를 받아야 합니다.
- **사용연령 6세 이상** 종이에 베이거나 긁히지 않도록 조심하세요. 책 모서리가 날카로우니 던지거나 떨어뜨리지 마세요.